AF277068

FONAMENTS DELS
FEIXISMES
ESTRATÈGIES CONTRA ELS TOTALITARISMES

GORKA ARTOA

Llegiu, copieu, difoneu, reescriviu,
canteu, musiqueu, crideu, reciteu
aquest Llibre, Difoneu la Idea!

Fonaments dels feixismes.
Estratègies contra els totalitarismes
Text: Gorka Artoa
Edita: Blat del Pla Impressors

abril de 2026
ISBN 979-13-991244-6-0
DL: PM 00272-2026

FONAMENTS DELS
FEIXISMES
ESTRATÈGIES CONTRA ELS TOTALITARISMES

Nosaltres, els tatuats
Primo Levi

*El feixisme no és el contrari a la democràcia, sinó
la seva evolució en temps de crisi*
Bertolt Brecht

*El feixisme no és només un moviment polític; és
una estructura destinada a mobilitzar la societat
cap a la guerra i la violència, amb un sentit gairebé
teleològic de destí nacional*
Eric Hobsbawm

L'ITALIA FASCISTA
IN CAMMINO

ELS ORÍGENS DEL FEIXISME: CRISI, POR I MOBILITZACIÓ POLÍTICA

El feixisme va ser un dels fenòmens polítics més decisius i destructius del segle XX. La seva aparició no es pot entendre com un accident històric ni com el simple resultat de l'acció de líders carismàtics. Al contrari, el feixisme va sorgir d'un conjunt complex de factors socials, polítics i econòmics que es van desenvolupar a Europa després de la Primera Guerra Mundial (1914-1918). En aquest context de crisi profunda, el feixisme es va presentar com una alternativa radical davant la democràcia liberal, el socialisme i el comunisme, proposant un model d'Estat autoritari basat en el nacionalisme extrem, la mobilització de masses i la violència política.

La crisi de l'ordre liberal després de la Primera Guerra Mundial

El primer element fonamental per comprendre l'origen del feixisme és la profunda crisi que va afectar el sistema polític liberal després de la Primera Guerra Mundial. El conflicte va deixar Europa devastada econòmicament i socialment: milions de persones havien mort o quedat ferides, les economies estaven desorganitzades i nombrosos països patien inflació, atur i pobresa generalitzada.

Els sistemes parlamentaris liberals, que havien dominat gran part d'Europa abans de la guerra, es van mostrar incapaços de resoldre els problemes urgents de la societat. Els governs semblaven febles, inestables i fragmentats, mentre que la política parlamentària clàssica era percebuda com a lenta i ineficaç davant d'una realitat marcada per la urgència i el conflicte social. En aquest clima de descontentament i frustració, amplis sectors de la població van començar a perdre la confiança en la democràcia liberal.

El feixisme es va beneficiar precisament d'aquesta crisi de legitimitat. Va saber presentar-se com una alternativa política decidida que prometia restablir l'ordre, l'eficàcia i l'autoritat justament on els sistemes liberals havien fracassat, oferint una sortida al caos polític i econòmic que vivia la societat del moment.

La por a la revolució social

Un altre factor clau en l'aparició del feixisme va ser el temor a una revolució socialista semblant a la que havia triomfat a Rússia el 1917. La Revolució Russa va tenir un enorme impacte a tota Europa. Per a les elits econòmiques, els propietaris i molts sectors de les classes mitjanes, la possibilitat d'una revolució comunista representava una amenaça directa a la propietat privada, a l'ordre social i a les institucions tradicionals.

En diversos països europeus es van produir vagues massives, mobilitzacions obreres i moviments revolucionaris —protagonitzada per anarquistes i comunistes— durant els anys posteriors a la guerra. Aquest clima de conflictivitat social va generar una forta reacció conservadora. El feixisme es va presentar aleshores com una força capaç de frenar l'avenç dels perills del socialisme mitjançant la repressió, la disciplina i el restabliment de l'ordre.

Per aquest motiu, en molts casos el feixisme va rebre el suport o la tolerància de sectors conservadors, militars, industrials i grans propietaris. Per a ells, els moviments feixistes podien ser un instrument útil per contenir el radicalisme social i preservar el sistema econòmic existent.

Nacionalisme radical i culte a l'Estat

El feixisme també es caracteritzava per un nacionalisme extrem. La nació es concebia com una entitat superior als individus, i l'Estat havia d'encarnar i protegir aquesta unitat nacional. Des d'aquesta perspectiva, els drets individuals, la diversitat política i el pluralisme es consideraven obstacles per a la força i la cohesió de l'estat.

Els règims feixistes promovien una visió orgànica de la societat en què cada individu havia de complir una funció dins del conjunt nacional. L'obediència, la disciplina i el sacrifici per la pàtria es convertien en valors fonamentals.

Aquest nacionalisme radical estava estretament lligat al ressentiment generat per les conseqüències de la Primera Guerra Mundial. En països com Alemanya, el Tractat de Versalles va ser percebut com una humiliació nacional, atès que obligava el país a pagar elevades reparacions econòmiques, cedir territoris com l'Alsàcia i Lorena, limitar severament el seu exèrcit i assumir la responsabilitat exclusiva de la Primera Guerra Mundial. A Itàlia, molts consideraven que el país no havia rebut les compensacions territorials que esperava després d'haver lluitat al bàndol vencedor. Aquests sentiments de frustració nacional van ser aprofitats pels moviments feixistes per mobilitzar la població i justificar els seus projectes polítics.

Rebuig de la democràcia i del pluralisme polític

Una de les característiques centrals del feixisme va ser el seu rebuig frontal a la democràcia liberal. Per als ideòlegs feixistes, el parlamentarisme era sinònim de feblesa, divisió i decadència. En el seu lloc, defensaven la necessitat d'un poder fort i centralitzat.

El model polític feixista es basava en la concentració del poder en mans d'un líder carismàtic que encarnava la voluntat de la nació. Aquest lideratge personalista (Hitler, Mussolini) s'acompanyava de l'eliminació del pluralisme polític. Els partits d'oposició eren prohibits, els sindicats eren dissolts i la vida política quedava monopolitzada per un partit únic.

D'aquesta manera, el feixisme establia règims autoritaris en què l'Estat controlava tots els aspectes de la vida política i social.

La violència com a instrument polític

A diferència d'altres sistemes, el feixisme va legitimar la violència com un instrument central de l'acció política. La violència no era només un mitjà per assolir el poder, sinó també una manera de demostrar força, disciplina i compromís amb la causa nacional.

A Itàlia, els grups paramilitars coneguts com les «camises negres» atacaven sindicalistes, socialistes i opositors polítics. A Alemanya, organitzacions com les SA van exercir un paper similar, intimidant els adversaris o persones no identificades amb el moviment nazi.

Aquest ús sistemàtic de la violència va contribuir, a debilitar les institucions democràtiques i les respostes populars i, a crear un clima de por que va facilitar l'ascens dels moviments feixistes.

La mobilització de masses i la propaganda

A diferència de les dictadures tradicionals, que sovint es basaven en el poder de les elits militars o aristocràtiques, el feixisme va ser un fenomen de masses. Els moviments feixistes buscaven mobilitzar activament la població mitjançant propaganda, símbols i rituals polítics.

Els grans mítings, les marxes, els uniformes i la iconografia política tenien una funció clau: generar un sentiment de pertinença col·lectiva i reforçar la identificació amb el moviment. El culte al líder també hi tenia un paper central, presentant figures com Mussolini o Hitler com a encarnacions de la voluntat nacional.

La propaganda simplificava la realitat política mitjançant missatges emocionals, apel·lacions a l'orgull nacional i la identificació d'enemics interns o externs.

Itàlia i Alemanya: els principals exemples

El primer règim feixista es va establir a Itàlia. Benito Mussolini va arribar al poder el 1922 després de la coneguda Marxa sobre Roma, aprofitant la feblesa del sistema polític italià i la por davant l'agitació social. Un cop al govern, Mussolini va transformar progressivament l'Estat italià en una dictadura. A Alemanya, l'ascens del nazisme va estar lligat a la crisi de la República de Weimar. La derrota a la guerra, les dures condicions del Tractat de Versalles i les crisis econòmiques de la dècada de 1920 i principis de la de 1930 van crear un terreny favorable per al creixement del Partit Nazi. El 1933, Adolf Hitler va ser nomenat canceller i ràpidament va establir un règim totalitari.

ELS PERILLS DELS FEIXISMES. QUI JUGA AMB FOC ENS POT CREMAR A TOTES

Els perills que representen les ideologies com el feixisme, el nazisme o altres formes de totalitarisme són profunds i afecten la societat en múltiples nivells. Aquestes ideologies suposen, en primer lloc, la desaparició progressiva de les llibertats individuals i col·lectives, així com l'erosió de les diferents formes de representació política. Els règims totalitaris es van dedicar a limitar o eliminar molts dels drets bàsics que havien estat aconseguits i consolidats gràcies a la lluita històrica de milers de persones al llarg dels anys. La manca de llibertat d'expressió, d'associació i de premsa és un dels trets característics d'aquestes ideologies. Sense aquestes llibertats fonamentals, una persona no pot participar plenament en la vida política ni defensar els seus drets davant el poder. Quan el totalitarisme avança, s'instaura un clima de repressió i violència política que afecta no només els opositors declarats, sinó qualsevol persona que, per acció o pensament, qüestioni el règim dominant. La censura, la persecució política i la manipulació de la informació es converteixen en instruments habituals per silenciar veus crítiques i controlar la societat.

El feixisme també va cercar enemics interns als quals culpar dels problemes del país. En el cas de l'Alemanya nazi, el règim d'Adolf Hitler va assenyalar especialment els jueus; durant el règim de Francisco Franco a Espanya es va perseguir el comunisme i la maçoneria; i a Itàlia, sota el govern de Benito Mussolini, l'objectiu era qualsevol individu o organització contrària al nou ordre. Altres col·lectius, com el poble gitano o diferents minories socials i culturals, també van ser assenyalats i perseguits.

Aquesta amenaça no acostuma a aparèixer de manera brusca ni immediata; és més aviat un procés gradual i silenciós, una deriva que, pas a pas, transforma les institucions i les normes socials. Durant aquest procés, una part de la societat pot convertir-se en còmplice conscient o inconscient, acceptant o participant en la restricció de drets, sigui per por, conformisme o indolència. Això reforça el poder del règim i perpetua un cercle de control que és molt difícil de trencar. Els efectes dels feixismes no es limiten a l'àmbit polític: també generen desconfiança social, polarització extrema i estigmatització de grups vulnerables, destruint els vincles de solidaritat i convivència que sostenen i desenvolupa una societat sana.

Per això, ideologies com el feixisme i el nazisme no són només perilloses per a la política, sinó per a tots i totes en general, convertint-se en una amenaça directa contra els valors fonamentals humanes com la cooperació i la convivència: la llibertat, la igualtat i el respecte a la dignitat de cada persona. Un cop identificats aquests suposats enemics, els règims feixistes van justificar la repressió i la violència contra ells. Aquesta violència podia adoptar moltes formes: persecucions, empresonaments, censura, deportacions o fins i tot l'eliminació física. Així, la violència es va convertir en una eina habitual de control polític i social.

La normalització d'aquesta violència va ser clau per a la consolidació dels règims. Els moviments feixistes recorrien habitualment a la intimidació i l'agressió contra adversaris polítics i contra qualsevol persona percebuda com una amenaça. Aquest clima de por permanent inhibia qualsevol intent d'oposició i reforçava el poder autoritari.

Finalment, el militarisme va tenir un paper central en la ideologia feixista. L'exaltació dels valors militars —disciplina, obediència i sacrifici per la nació— anava acompanyada d'una defensa ferma de l'expansionisme territorial com a mostra de la grandesa nacional, com es pot observar en el Japó imperial, que justificà la seva expansió a Àsia oriental —com l'ocupació de Manxúria (1931) i la guerra sinojaponesa— com una missió per afirmar la seva potència i lideratge regional. Aquesta voluntat d'expansió va ser un dels factors que va precipitar la Segona Guerra Mundial i va portar el món a un dels conflictes més destructius de la història.

Els horrors i els collaboradors

Quan el nostre punt de mira se centra exclusivament el melic, és molt fàcil desviar la mirada de la resta del cos, especialment de les parts més allunyades. Un exemple clar d'aquesta mirada selectiva el trobem en la manera com sovint recordem l'horror nazi: ens fixem una vegada i una altra en el brutal genocidi contra la població jueva o els horrors de la guerra a Europa, però tendim a negligir altres víctimes i altres episodis igualment terribles. Hom considera, certament, que tot allò va ser una barbaritat que val la pena recordar, encara que sigui desagradable. Però aquesta memòria no pot ser selectiva: cal també parar esment al que va passar abans, durant i després de la Segona Guerra Mundial amb altres col·lectius perseguits, com el poble gitano, els testimonis de Jehovà, les persones amb diversitat funcional, els presos polítics o els milions de civils que van patir altres formes d'extermini. La història, com el cos, és un tot: ignorar-ne una part és mutilar la nostra comprensió del passat.

La invasió d'Etiòpia per part de la Itàlia feixista (1935-1936) va constituir una guerra colonial de brutalitat excepcional, dissenyada per construir un imperi africà que enaltís el prestigi internacional del règim de Mussolini i demostrés la suposada grandesa de la nova Itàlia. La campanya va culminar amb la conquesta del país i la proclamació de l'Àfrica Oriental Italiana, però el preu pagat per la població etíop va ser terrible i va deixar una ferida desconeguda i profunda en la història del continent. L'exèrcit italià, davant la resistència etíop, va recórrer a mètodes de guerra prohibits. Va utilitzar de manera sistemàtica armes químiques, especialment gas mostassa, no només contra les tropes enemigues, sinó també contra la població civil. Mitjançant bombardejos aeris, van ruixar amb aquest gas verinós pobles sencers, camps de conreu, rius i camins plens de refugiats que fugien de la guerra. Aquest ús deliberat de gasos tòxics violava obertament el Protocol de Ginebra de 1925, que Itàlia havia signat. Malgrat això, el règim feixista va autoritzar-ne l'ocupació continuada per accelerar la derrota etíop i doblegar la resistència per la via més cruel.

Les conseqüències d'aquests atacs químics van ser devastadores i duradores. Van causar milers de morts immediates i van contaminar zones agrícoles i fonts d'aigua durant molt de temps, condemnant la població a patir malalties, fam i desplaçaments. A més, l'exèrcit italià va bombardejar hospitals de campanya i columnes de refugiats indefensos. No obstant això, les sancions imposades per la Societat de Nacions van ser tímides, mal aplicades i completament ineficaces per aturar l'agressió feixista. Un dels episodis més sagnants de l'ocupació fou el *Yekatit 12*, nom que simbolitza en el calendari etíop els fets va tenir lloc a Addis Abeba el febrer de 1937. Arran d'un intent d'assassinat contra el virrei italià Rodolfo Graziani, les autoritats colonials van desencadenar una repressió massiva i indiscriminada contra la població de la capital. Durant dies sencers, soldats regulars, policies colonials i milícies feixistes van assassinar civils etíops sense pietat, van incendiar barris sencers i van destruir habitatges i comerços. Aquesta massacre, coneguda com la massacre d'Addis Abeba, va causar milers de víctimes mortals i va incloure execucions sumàries d'intel·lectuals, religiosos i qualsevol persona sospitosa de donar suport a la resistència. L'objectiu era clar: sembrar el terror, paralitzar qualsevol oposició i consolidar per la força bruta el domini colonial italià sobre un poble que no es rendia. I qui va protestar? Hi va haver una tímida crítica d'organismes internacionals que no van fer molt més.

Per la seva banda, el règim nazi instaurat per Adolf Hitler a Alemanya va perpetrar possiblement la major o una de les majors atrocitats de la història del segle XX, fonamentades en una ideologia de supremacia racial que classificava els éssers humans en categories jeràrquiques i justificava l'extermini de pobles sencers considerats «inferiors». Aquesta barbàrie sistemàtica va assolir dimensions industrials i va deixar una ferida incurable en la consciència europea. L'exemple més conegut és el de la persecució dels jueus; fet que va constituir l'eix central de la ideologia nazi. Des de l'arribada de Hitler al poder el 1933, el règim va desplegar un ventall de mesures discriminatòries contra la població jueva alemanya. Aquestes polítiques es van institucionalitzar amb les Lleis de Nuremberg de 1935, que van privar els jueus de la ciutadania alemanya i van prohibir els matrimonis o relacions entre jueus i persones considerades «àries».

Al cap de poc temps i possiblement davant l'escassa força de les crítiques internes i la inoperància internacional, la repressió es va intensificar. Els jueus van ser expulsats de les seves feines, de les escoles i de qualsevol espai de la vida pública. La nit del 9 al 10 de novembre de 1938, coneguda com la *Kristallnacht* (la Nit dels vidres trencats), va marcar un punt d'inflexió: sinagogues, comerços i cases jueves van ser assaltades i destruïdes per tot Alemanya, mentre milers de persones eren detingudes.

I això no fou més que el principi d'un pla. Durant la Segona Guerra Mundial, el règim nazi va posar en marxa el que van anomenar la «solució final»: un pla meticulosament organitzat per exterminar sistemàticament tots els jueus d'Europa: l'enemic interior. Milions de persones van ser deportades en condicions inhumanes a camps de concentració i extermini com Auschwitz-Birkenau, Mauthausen-Gusen, Treblinka o Sobibór, on la majoria eren assassinades en cambres de gas dissimulades com a dutxes. Aquest genocidi, conegut universalment com l'Holocaust (*Shoah* en hebreu), va causar la mort d'aproximadament sis milions de jueus, aniquilant comunitats senceres que havien florit durant segles arreu del continent europeu.

Però malauradament no fou l'únic. El poble gitano també va ser objectiu de l'ideari racista nazi. Considerats pels jerarques del règim com un poble «asocial» i racialment inferior, els gitanos europeus van patir una persecució sistemàtica que pretenia la seva desaparició física i cultural. Aquest procés va començar amb registres policials, classificacions pseudocientífiques i internaments en camps de concentració, i va derivar en un genocidi a gran escala. Famílies senceres de gitanos van ser deportades a camps com Auschwitz, on existia un sector específic, el *Zigeunerlager* («camp de gitanos»), on s'amuntegaven en condicions de supervivència impossibles. A més, unitats especials de les SS van assassinar milers de gitanos en afusellaments massius a l'Europa oriental, mentre que d'altres morien als camps per fam, malalties, treballs forçats o execucions. Aquest genocidi del poble gitano és conegut amb el nom de *Porrajmos*, que en romaní significa «devoració» o «destrucció». Les xifres exactes són difícils de determinar, però els historiadors calculen que entre 250.000 i 500.000 gitanos europeus van ser assassinats pel règim nazi i els seus col·laboradors. Durant dècades, aquest genocidi va romandre en l'oblit, i les víctimes gitanes no van rebre el mateix reconeixement que altres grups perseguits.

Un altre capítol especialment esfereïdor de la barbàrie nazi va ser la realització d'experiments mèdics amb persones recloses als camps de concentració. Metges vinculats al règim, que havien traït els juraments hipocràtics més elementals, utilitzaven presoners —jueus, gitanos, presoners de guerra soviètics i altres col·lectius— com a conillets d'índies humans, sense cap mena de consentiment i amb un menyspreu absolut per la vida i el patiment. El cas més tristament famós és el del metge nazi Josef Mengele, destinat a Auschwitz, que va desenvolupar una obsessió criminal pels bessons i els estudis genètics. Mengele sotmetia els seus joves subjectes —sobretot infants— a operacions sense anestèsia, injeccions de substàncies letals a la medul·la espinal i proves cruels que sovint acabaven amb la mort de les víctimes. Quan morien, els seus cossos eren disseccionats per continuar les «investigacions».

Però els experiments de Mengele no van ser un cas aïllat. Altres metges nazis van dur a terme proves sobre resistència al fred extrem, submergint presoners en aigua gelada per mesurar quant temps podien sobreviure; experiments amb malalties infeccioses, inoculant tifus o hepatitis a persones sanes; proves amb medicaments no testats; i esterilitzacions forçades massives, sovint realitzades amb raigs X o productes químics, per impedir la reproducció de grups considerats «indesitjables» (com ara persones amb discapacitat funcional, asocials —categoria que englobava rodamons, captaires, alcohòlics i prostitutes—, delinqüents habituals, homosexuals i minories ètniques com els gitanos), amb l'objectiu de preservar la puresa de la raça ària. Tots aquests experiments ignoraven completament qualsevol principi ètic o mèdic i van causar la mort o seqüeles físiques i psicològiques irreversibles en milers de persones. A l'estat espanyol, sense voler comparar les dimensions, el psiquiatre militar Antonio Vallejo-Nájera va exercir un paper fonamental en la repressió ideològica i política durant els primers anys del franquisme. Se l'acusa d'haver utilitzat la psiquiatria com a instrument per justificar científicament la persecució dels vençuts en la Guerra Civil. La seva tasca es va basar en teories eugenèsiques i racistes que pretenien «regenerar la raça hispànica» mitjançant la depuració dels elements considerats degenerats. Vallejo-Nájera va postular l'existència d'un suposat *gen rojo* que predisposava els individus al marxisme i a la maldat moral, equiparant la dissidència política amb una malaltia mental que calia tractar i erradicar. Per fonamentar les seves tesis, Vallejo-Nájera va dirigir experiments pseudocientífics amb presoners republicans i va concloure que posseïen trets de «debilitat mental» i «degeneració moral».

Durant la Segona Guerra Mundial, el règim nazi dirigit per Adolf Hitler no va actuar en solitari. Va comptar amb la col·laboració de diversos països i governs que fos com a aliats militars o com a règims col·laboracionistes, van participar activament en ocupacions, repressió de poblacions civils, persecució de minories i crims de guerra. Aquesta xarxa de complicitats va ser essencial per a l'expansió i el manteniment del domini nazi, i va multiplicar el patiment de milions de persones. Tot i que el focus es dirigeix sempre contra els alemanys, són múltiples les ajudes que va tenir.

A Romania, el règim del dictador Ion Antonescu va ser un dels aliats més ferms de l'Alemanya nazi, especialment en la guerra contra la Unió Soviètica. Les tropes romaneses van participar en combats a l'Europa oriental i van intervenir activament en la repressió contra la població civil dels territoris ocupats. La persecució dels jueus va ser especialment cruenta: deportacions massives, execucions sumàries i l'assetjament sistemàtic van causar la mort de centenars de milers de persones. A més, les condicions inhumanes imposades per l'administració romanesa —fam, malalties i treballs forçats— van provocar una mortalitat devastadora entre la població civil. Per la seva banda, l'anomenat Estat Independent de Croàcia, creat sota el paraigua de les potències de l'Eix i governat pel moviment feixista dels Ustaixa liderat per Ante Pavelić, va esdevenir un dels règims més sanguinaris de la guerra. La seva política de neteja ètnica es va dirigir fonamentalment contra serbis, jueus, gitanos i opositors polítics. El camp de concentració de Jasenovac, gestionat per les autoritats croates, va ser escenari d'atrocitats indescriptibles: assassinats en massa, tortures sistemàtiques i condicions de vida dissenyades per aniquilar els presoners, exemples que podrien estendre a altres territoris i governs.

A Àsia, per exemple, l'expansió japonesa per la Xina i el sud-est asiàtic —amb ocupacions com les de Filipines, les Índies Orientals Neerlandeses (actual Indonèsia) o la Indoxina francesa (actual Vietnam)— va anar acompanyada de crims de guerra a gran escala. Un dels episodis més terribles va ser la Massacre de Nanjing (1937-1938), en què les tropes japoneses van assassinar sistemàticament centenars de milers de civils i presoners de guerra, i van cometre violacions massives i destrucció de béns. A més, unitats militars secretes com la Unitat 731 van dur a terme experiments mèdics criminals amb presoners, sotmetent-los a tortures i proves que causaven una mort lenta i dolorosa, tot amb l'objectiu d'avançar en la investigació de guerra biològica i química. No podem oblidar, però, que la història comparada dels totalitarismes del segle XX revela una veritat incòmoda, però ineludible: tant el feixisme-nazisme com l'estalinisme van ser capaços de les pitjors atrocitats. A la Unió Soviètica de Ióssif Stalin, l'*Holodomor*, el Gulag, les deportacions massives i les purgues són capítols tan tràgics com l'Holocaust, el *Porrajmos* gitano o els crims dels col·laboracionistes del nazisme.

L'*Holodomor* —paraula ucraïnesa que significa «extermini per la fam» o «fam terrorífica»— va ser una fam provocada artificialment pel règim de Stalin entre 1932 i 1933 que va delmar la població d'Ucraïna. Les xifres oscil·len entre 3 i 7 milions de víctimes mortals en un territori que històricament havia estat el graner d'Europa, una contradicció aparent que amaga la naturalesa criminal del que va passar. No va ser una catàstrofe natural, sinó el resultat d'una política deliberada i planificada. Tot va començar amb la col·lectivització forçosa de l'agricultura, imposada per Stalin per consolidar el control estatal sobre la producció d'aliments. Quan els camperols ucraïnesos van resistir-se a abandonar les seves propietats i la seva identitat nacional, la resposta del règim va ser implacable: es van imposar quotes de gra inassolibles, esquadrons de confiscació van arrabassar fins a l'últim gra de les llars camperoles —incloses les llavors per a la següent sembra—, es va decretar el bloqueig fronterer per impedir que els ucraïnesos fugiren de la fam, i la infame «llei de les espigues» castigava amb presó o mort qualsevol camperol que intentés aprofitar les restes de collita als camps col·lectivitzats. L'objectiu era doble: trencar la resistència camperola a la col·lectivització i, sobretot, destruir la identitat nacional ucraïnesa. Stalin temia que Ucraïna, que havia resistit el poder bolxevic durant la guerra civil, pogués convertir-se en un focus de desestabilització del seu règim. La fam va anar acompanyada de la destrucció sistemàtica de la intel·lectualitat ucraïnesa —escriptors, artistes, religiosos— per eliminar qualsevol vestigi de consciència nacional.

Paral·lelament a aquesta tragèdia, el règim estalinista va desplegar un vast sistema de repressió que tenia en el Gulag el seu instrument més temut. El Gulag —l'acrònim en rus de l'Administració General de Camps— era una xarxa colossal de camps de treball forçat que s'estenia per tota la geografia soviètica, des del cercle polar àrtic fins a les estepes de l'Àsia central. Milions de persones hi van ser condemnades a treballs forçats en condicions extremes: fam crònica, fred glacial, malalties sense assistència mèdica, jornades extenuants i una violència omnipresent per part dels guardians. Els presos del Gulag no eren només delinqüents comuns, sinó sobretot «enemics del poble»: antics bolxevics caiguts en desgràcia, militars sospitosos de deslleialtat, intel·lectuals, tècnics, camperols que havien resistit la col·lectivització, membres de minories nacionals deportades col·lectivament i qualsevol persona que, per acció o omissió, pogués ser considerada una amenaça per al règim. La mortalitat als camps era constant, i els supervivents, quan complien les seves condemnes, quedaven marcats per sempre i exclosos de la vida social.

Les deportacions massives van ser un altre dels instruments criminals de l'estalinisme. Pobles sencers —alemanys del Volga, txetxens, ingúixos, tàrtars de Crimea, calmucs, karatxais i molts altres— van ser arrencats de les seves llars i desplaçats per la força a regions remotes de Sibèria i l'Àsia central, sovint en trens de bestiar on la mortalitat durant el trajecte era altíssima. Aquestes deportacions responien tant a la voluntat de castigar col·lectivament sospites de col·laboracionisme durant la guerra com a l'objectiu més ampli de remodelar ètnicament determinades regions i eliminar qualsevol base social que pogués qüestionar el poder central.

Les purgues massives dels anys 1937-1938 —conegudes com la Gran Purga o el *Ièjovsxina*— van completar aquest panorama de terror. Centenars de milers de persones van ser arrestades,... jutjades en processos sumaríssims que duraven minuts i executades o enviades al Gulag, tal com reflecteixen nombrosos testimonis literaris, com *Arxipèlag Gulag* d'Aleksandr Soljenitsin, *Relats de Kolimà* de Varlam Xalàmov o *Un món a part* de Gustaw Herling-Grudziński. La por es va convertir en el mecanisme fonamental de govern: qualsevol sospita, qualsevol delació, qualsevol innocent que es creués en el camí equivocat podia significar la condemna a mort. Els vells bolxevics que havien fet la revolució van ser dels primers a caure, però després va tocar a militars d'alt rang, a responsables econòmics, a tècnics, a escriptors, a simples ciutadans que havien comès el delicte de conèixer algú que havia conegut algú altre considerat enemic. I aquí és un moment per recordar l'exemple de la gallina atribuït a Stalin s'utilitza sovint com una metàfora per explicar el funcionament del poder en els règims totalitaris. Tot i que no és segur que sigui un episodi històric real, la seva força simbòlica ajuda a comprendre alguns mecanismes psicològics i polítics que expliquen com aquests règims poden mantenir el control sobre la població.

Segons aquesta anècdota, Stalin hauria mostrat als seus col·laboradors una gallina a la qual arrencava les plomes una a una, causant-li dolor i deixant-la debilitada. Després d'aquest acte, hauria deixat la gallina a terra i s'hauria allunyat amb un grapat de gra a la mà. Malgrat el patiment que havia rebut, l'animal, empès per la necessitat de menjar, hauria començat a seguir-lo per poder alimentar-se. L'episodi servia, segons aquesta interpretació, per demostrar com el poder pot combinar la violència i la concessió de petits beneficis per mantenir la submissió.

BALILLA
ANNO XIII°

...bblicazione speciale per la celebrazione del X Dicembre — col patrocinio del Sin...
...scista dei Giornalisti Liguri — **GENOVA**: Piazza S. Matteo, 15 - Telefono N. ...

COM ÉS POSSIBLE QUE LA POBLACIÓ ACCEPTI O DONI SUPORT A POLÍTIQUES EXCLOENTS, VIOLENTES O QUE FINS I TOT ATEMPTIN CONTRA LES SEVES LLIBERTATS?

És una paradoxa aparent que, tot i que la majoria de la població pugui estar en contra del totalitarisme, els règims autoritaris aconsegueixin arribar al poder i fins i tot obtenir suport. La història més recent ens mostra —en espais geogràfics i culturals molt diversos— que aquest fenomen no és casual, sinó el resultat d'una combinació de factors socials, polítics i psicològics que els totalitarismes saben explotar amb gran habilitat. La por és fonamental per estendre els tentacles de l'autoritat.

Moltes persones —com il·lustren memòries escrites com *Una dona a Berlín*— poden estar profundament en desacord amb les idees i propostes del feixisme, del nazisme o de qualsevol classe de règim autoritari, però la por a represàlies, el desig de no cercar-se problemes o simplement l'apatia davant fenòmens que consideren inofensius en els seus inicis les inhibeix de manifestar-ho. Per exemple, durant l'ascens del règim nazi a Alemanya, molts ciutadans que no compartien la ideologia van mantenir-se silenciosos davant l'augment de mesures repressives per por a represàlies o sancions.

A la por s'ha de sumar una estratègia que juga un paper clau en el desenvolupament de les ideologies totalitàries: la manipulació de la informació. Ja fa segles, Thomas Hobbes, en el seu cèlebre *Leviatan*, defensava la idea que «qui té la informació té el poder». Era final del segle XVII, i la filosofia ja era plenament conscient del valor polític de la informació. Aquesta reflexió pren especial rellevància amb l'aparició de nous mitjans de comunicació de masses, que poden acabar en mans de qui vol controlar o ometre segons quina informació.

Els totalitarismes aspiren, en el seu full de ruta, a controlar els mitjans i difondre propaganda constant que distorsiona la realitat i crea enemics imaginaris. Quan Benito Mussolini va accedir al poder el 1922, una de les seves primeres mesures va ser controlar els mitjans de comunicació. Mussolini va crear el Ministeri de Propaganda i de Cultura Popular i va supervisar estrictament la premsa, la ràdio i el cinema. En el cas d'Adolf Hitler, el control de la informació va ser immediat després que el Partit Nazi arribés al poder el 1933. El nazisme va establir el Ministeri de Propaganda, liderat per Joseph Goebbels, que controlava tots els canals d'informació: premsa, ràdio, cinema, teatre i arts. La propaganda nazi no només glorificava Hitler i el règim, sinó que també difonia odi antisemita i idees racistes, preparant la societat per a la persecució dels jueus i altres grups. Per altra banda, el règim estalinista també va establir un control i vigilància extrema dels mitjans de comunicació, assegurant que tot el que es publicava no contrariés els principis i interessos del règim.

A la distopia novel·lada de George Orwell, *1984*, la realitat es reflecteix a través de la propaganda, que condiciona la percepció mateixa dels ciutadans. La idea és senzilla: manipular, repetir i consolidar una realitat alineada amb el règim totalitari, amb missatges com «La guerra és la pau» o «La llibertat és esclavitud», per convèncer la població que accepti contradiccions i mentides com a veritats.

La combinació de mentides repetides i manipulació emocional, que avui coneixem com a *posveritat*, pot fer que una part de la societat acabi creient o legitimant polítiques que en circumstàncies normals rebutjaria. Així, la desinformació transforma el suport aparent en una estratègia de supervivència i normalització del règim.

També cal tenir en compte les circumstàncies de crisi. Les èpoques de recessió econòmica, inestabilitat política o conflictes socials generen frustració i ansietat, i molts ciutadans cerquen solucions immediates. Els totalitarismes aprofiten aquesta insatisfacció oferint promeses de seguretat, ordre i prosperitat, sovint a canvi de llibertats individuals. Així, persones que normalment rebutjarien l'autoritarisme poden donar suport parcialment o passivament a polítiques totalitàries, enganyades per la percepció d'una sortida fàcil a problemes complexos.

El poder totalitari no depèn només de la voluntat del poble, sinó de la combinació de por, manipulació i oportunisme social. Això explica per què ideologies com el feixisme i el nazisme van poder ascendir en societats que, en gran part, no compartien els seus valors. És un recordatori clar que la defensa de la llibertat no pot ser passiva: la indiferència, la desinformació i la por poden permetre que el totalitarisme guanyi força, fins i tot quan sembla que la majoria està en contra.

CRÒNICA D'UNA ALERTA: CONTRA ELS FEIXISMES PRESENTS I FUTURS

El règim nazi no va ser un accident monstruós de la història, sinó la conseqüència extrema d'ideologies racistes, nacionalismes excloents i la deshumanització de l'altre. L'Holocaust, el Porrajmos i els crims mèdics nazis no són només episodis del passat: són advertències permanents sobre on poden portar l'odi institucionalitzat, la intolerància i la manca de límits ètics. Encara que el feixisme com a ideologia política sembli pertànyer al passat, nombroses evidències i l'opinió de molts analistes ens indiquen que hi ha tendències marcadament neofeixistes i autoritàries en contextos contemporanis arreu del món. Aquestes tendències no necessiten reproduir literalment els exemples històrics que coneixem; poden adoptar mecanismes versemblants, adaptats als temps moderns, amb un ús intensiu dels nous mitjans digitals i una retòrica populista que mobilitza emocions, antipaties i múltiples pors. Com hem assenyalat, un dels trets més evidents és l'exaltació dels nous líders polítics o corporatius, que es presenten com a salvadors de la nació elegida. Aquesta retòrica salvífica s'ha pogut observar clarament en la figura de Donald Trump. En els sectors del moviment *Make America Great Again* (MAGA), se'l presenta sovint com algú que rescata el país blanc i occidental de les elits polítiques tradicionals, que defensa la «gent comuna» davant la globalització o la immigració, i que lluita contra el que consideren la corrupció o la decadència del sistema. No debades, en alguns cercles evangèlics conservadors dels Estats Units, certs predicadors i comentaristes han comparat el seu paper amb figures bíbliques. Aquest llenguatge messiànic es manifesta en discursos, mems i manifestacions, on els seguidors es glorifiquen per la seva arribada.

Aquest lideratge personalista sovint va acompanyat del debilitament de les institucions (parlaments, tribunals...) i la criminalització i repressió de les formes d'autoorganització popular o de moviments transversals com l'antifeixisme. Un bon exemple és l'assenyalament d'alguna de les figures marcadament contràries a les noves tendències autoritàries com per exemple va ocórrer amb l'historiador i amic Mark Bray, autor el 2017 del llibre *Antifa: The Anti-Fascist Handbook* que va haver d'abandonar el país amb la seva família per amenaces de mort. Així, els sistemes de control que en el passat es basaven en la violència física i la censura directa ara es combinen amb estratègies digitals de manipulació de l'opinió pública.

A més a més, un altre signe preocupant que torna a visibilitzar-se és la contínua creació d'enemics interns i externs. Els discursos contemporanis assenyalen minories ètniques, migrants, persones LGBTQ+, així com el moviment feminista, sovint presentat de manera deslegitimadora, o grups polítics dissidents com a responsables dels problemes econòmics o socials. Aquest tipus de narrativa no és nova: al llarg de la història, nombrosos moviments polítics han afirmat que altres actors pretenen destruir-los o substituir-los. Un exemple el trobem en la retòrica d'alguns estats que se senten amenaçats per múltiples factors. No cal anar molt lluny: Israel, segons el seu president, Benjamin Netanyahu, tot Israel es veu amenaçat per tots els enemics que l'envolten. El protagonista és autor d'un bon grapat de frases que reforcen una vegada darrere l'altra la missió salvadora: «els qui s'oposen a l'ofensiva israeliana defensen el 'mal' i els qui la donen suport promouen el 'bé'».

En el context europeu actual, aquests discursos s'entrellacen sovint amb teories sobre la immigració i els canvis demogràfics. Un bon exemple és l'anomenat *pla Kalergi*, una suposada conspiració atribuïda a Richard Nikolaus von Coudenhove-Kalergi. Segons aquesta narrativa, existiria un projecte deliberat per substituir la població europea mitjançant la immigració massiva i el mestissatge. Tot i que la majoria d'historiadors i investigadors coincideixen a assenyalar que es tracta d'una teoria conspirativa sense cap fonament en els escrits de l'autor, la idea circula àmpliament a les xarxes socials i en discursos polítics de persones que, sovint, no han dedicat ni un minut a llegir els textos originals de Kalergi. La teoria del suposat «pla Kalergi» té més d'un segle, en la darrera dècada ha estat recuperada en el marc de la ideació de la «gran substitució», popularitzada pel controvertit escriptor Renaud Camus a partir de la dècada dels noranta. Camus, que havia estat una figura de prestigi reconegut i una icona de la cultura homosexual als anys setanta, va fer un gir radical en la seva trajectòria pública quan el 2011 va publicar *Le Grand Remplacement*, un text fonamental per a la difusió d'una de les teories conspiratives més influents de l'extrema dreta contemporània. Aquesta narrativa sosté que les poblacions europees —blanques i cristianes, que eren la seva preocupació central— serien progressivament reemplaçades per immigrants, especialment procedents de països no europeus; és a dir, no blancs i majoritàriament no cristians.

Aquest fenomen no és aïllat. Les teories de la conspiració han acompanyat la història contemporània en múltiples variants: des de les narratives sobre l'assassinat de John F. Kennedy fins als *Protocols dels Savis de Sió*, passant per les sospites sobre el frau de l'arribada a la Lluna o les suposades maquinacions dels *Illuminati*. Totes comparteixen un tret comú: ofereixen explicacions simplistes per a fenòmens complexos i, sovint, permeten assenyalar responsables imaginaris de les misèries pròpies o col·lectives, una operació molt més senzilla que afrontar-ne les causes reals.

En els darrers temps, a aquesta teoria s'hi ha afegit el concepte de «remigració», que proposa el retorn d'immigrants als seus països d'origen o la reversió dels processos migratoris. Els moviments neofeixistes utilitzen aquest neologisme com a part d'una estratègia de comunicació conscient per normalitzar i legitimar políticament les seves propostes. Termes com «deportació» o «expulsió» probablement no aproparien persones occidentals, blanques i de tradició cristiana —com podrien ser els meus pares— a aquests moviments polítics. En canvi, «remigració» sona tècnic, gairebé neutre, i permet presentar mesures radicals com a solucions administratives. Aquest terme ha guanyat presència en debats vinculats a sectors de partits com *Alternative für Deutschland* (AfD) a Alemanya i en altres moviments identitaris europeus, incloent-hi alguns de l'Estat espanyol.

Aquestes estratègies no són teòriques: s'han observat exemples reals en diversos països. A Hongria i Polònia, els governs elegits democràticament han limitat l'accés a mitjans crítics i han fomentat narratives nacionalistes que exclouen minories. En diversos països de l'anomenat *Primer Món*, la difusió de notícies falses i teories de conspiració a través de xarxes com X o Facebook ha alimentat moviments extremistes i episodis de violència política, com l'assalt al Capitoli el 2021. L'historiador nord-americà Robert O. Paxton, que ha dedicat gran part de la seva carrera a l'anàlisi del feixisme, subratlla que els moviments neofeixistes i supremacistes actuals no necessiten reproduir literalment els models del segle XX. Tot i això, les noves tendències autoritàries adopten mecanismes molt semblants: fomenten la creació d'enemics interns i externs, promouen una mobilització constant —tant simbòlica com real— i reforcen el culte a figures que apareixen com a salvadores. Enzo Traverso, que no es caracteritza precisament per un posicionament polític excessivament radical, és clar en la seva advertència: «el feixisme no ha mort; només ha canviat de forma. Les seves idees poden ressorgir quan les crisis econòmiques i socials afebleixen les institucions democràtiques i obren pas a líders populistes i autoritaris». Aquesta reflexió ens recorda la importància de comprendre la història no només com a passat, sinó com una eina per reconèixer i prevenir els riscos que ens amenacen avui. No cal anar gaire lluny: existeixen múltiples exemples contemporanis que ens conviden a continuar estudiant els processos històrics, les seves causes, la seva evolució i les possibles conseqüències. Com abans, la tasca és vigilant i activa: mans a l'obra.

DIAGNÒSTIC

HI HA FEIXISME AL SEGLE XXI?

Sí, el feixisme no és només un fantasma del passat. Avui existeixen moviments neonazis i d'ultradreta radical que comparteixen els trets essencials del feixisme històric: nacionalisme excloent, rebuig de la democràcia liberal, culte a la violència, identificació d'enemics interns i externs, i discursos d'odi contra minories. També hi ha tendències socials i polítiques menys identificables que a diferència dels anys trenta solen actuar dins dels marges de la democràcia representativa per conquerir el poder des de dins, però la seva ideologia continua sent autoritària, xenòfoba i violenta. En el cas de l'estat espanyol, les especialistes assenyalen que l'extrema dreta, quilòmetre zero presenta, en comparació amb altres països europeus, una menor capacitat d'articulació ideològica o d'implantació estructural, fet que pot limitar el seu impacte polític; tanmateix, això no implica una absència de risc.

COM VEU EL FEIXISME LA QÜESTIÓ DE LA DONA?

El feixisme imposa un model patriarcal on la dona queda reduïda a la maternitat al servei de l'Estat. El nazisme i el feixisme italià van expulsar les dones de l'educació, el treball i la política, van premiar les mares «àries» i van perseguir les dones considerades «inferiors». La violència sexual, especialment contra jueves, gitanes i eslaves, va ser una pràctica sistemàtica. Actualment, la ultradreta manté aquest llegat oposant-se als drets reproductius i a la igualtat, i emparant-se en la tradició per justificar l'agressió masclista; tanmateix, en alguns casos articula discursos que combinen retòrica de defensa de les dones amb plantejaments xenòfobs, un fenomen conegut com a *feminacionalisme*, visible en figures com Giorgia Meloni, o bé adopta posicions estratègiques i matisades sobre l'avortament, com en el cas de Marine Le Pen.

EN ELS RÈGIMS FEIXISTES NO HI HA CORRUPCIÓ NI DELINQÜÈNCIA?

És un mite propagandístic. Els règims feixistes venen una imatge d'ordre i eficàcia, però la història demostra que la corrupció i la delinqüència hi eren endèmiques. A l'Alemanya nazi, alts càrrecs del partit i militars van acumular fortunes personals mitjançant l'espoli de béns jueus, el tràfic d'influències i l'explotació de treballadors esclaus. La «neteja moral» només s'aplicava a dissidents i minories, mentre els jerarques actuaven amb total impunitat. A la Itàlia feixista, la màfia siciliana va col·laborar amb el règim i va prosperar sota la seva protecció. La delinqüència comuna no va desaparèixer, sinó que es va reconvertir en repressió política: el que el règim anomenava «ordre» no era més que la imposició del terror estatal contra qualsevol forma d'oposició.

EL FEIXISME VA MILLORAR L'ECONOMIA?

Només en aparença i a curt termini, i sempre a un cost humà inassumible. Els règims feixistes van impulsar grans obres públiques i la indústria armamentística —sovint amb treballs forçats de presoners—, cosa que va reduir l'atur temporalment, però aquest creixement era insostenible perquè depenia de la preparació per a la guerra i de l'explotació dels territoris ocupats. A Alemanya, el «miracle econòmic» nazi es va fonamentar en el deute massiu, el control salarial i el saqueig sistemàtic dels països envaïts. En esclatar la guerra, l'economia civil es va col·lapsar i la població va patir racionament, fam i destrucció. A llarg termini, el feixisme va conduir els països que el van patir a la ruïna absoluta, a més de causar la mort de milions de persones. L'eficiència econòmica no era una finalitat, sinó un mitjà per a l'expansió territorial i la dominació racial.

EL FEIXISME POT ARRIBAR AL PODER PER LES URNES?

Sí, històricament el feixisme ha utilitzat les eleccions com a via per assolir el poder. Hitler va arribar a la cancelleria alemanya per mitjans legals, abans de destruir la democràcia des de dins. Mussolini va rebre l'encàrrec de formar govern després d'una marxa sobre Roma que va funcionar més com una amenaça que com una presa real del poder. Avui, partits d'ultradreta es presenten a eleccions i guanyen quotes de poder, des d'on erosionen les institucions democràtiques, controlen mitjans de comunicació i criminalitzen l'oposició. La via electoral és, de fet, l'estratègia principal del feixisme contemporani per conquerir el poder «legalment» i després desmantellar la democràcia.

LA VIOLÈNCIA ÉS INHERENT AL FEIXISME O NOMÉS UNA EINA CIRCUMSTANCIAL?

La violència és inherent al feixisme, no accidental. Des dels seus orígens, els moviments feixistes han utilitzat la violència física i psicològica com a mitjà d'intimidació, conquesta del poder i control social. Les esquadres feixistes italianes (*squadristi*) apallissaven i assassinaven sindicalistes i camperols. Les SA nazis protagonitzaven batusses campals al carrer. Avui, grups com els *Proud Boys*, *Patriot Front* o *Vanguard America* continuen agredint antifeixistes, immigrants i persones LGTBI. La violència no és un accident ni un excés puntual: és l'essència d'una ideologia que menysprea el diàleg, la llibertat i la dignitat de l'adversari.

PER QUÈ EL FEIXISME ATRAU PERSONES JOVES AVUI?

Perquè ofereix respostes simples a problemes complexos i una identitat col·lectiva forta. En contextos de crisi econòmica, precarietat laboral i desorientació vital, el feixisme construeix un relat on assenyalar culpables —immigrants, minories, «el sistema»— i on l'individu pot sentir-se part d'una comunitat nacional poderosa i superior. La seva estètica transgressora, violenta i «rebel» connecta especialment amb joves exclosos o frustrats. Les xarxes socials n'han potenciat la difusió mitjançant missatges breus, directes i carregats d'emoció, que eludeixen el debat racional. A tot això s'hi suma la feblesa de l'educació crítica i el desprestigi de la política tradicional, que obren la porta a discursos autoritaris aparentment antisistema però profundament reaccionaris.

PER QUÈ CAL PARLAR DEL GULAG I L'HOLODOMOR EN UN ARGUMENTARI CONTRA EL FEIXISME?

Perquè el totalitarisme no és patrimoni exclusiu del feixisme o del nazisme. Diversos règims totalitaris van compartir mètodes amb el feixisme: terror, camps, deportacions, culte al líder i eliminació de l'oposició. Esmentar el Gulag o l'*Holodomor* no implica equiparar patiments ni relativitzar l'Holocaust, sinó reconèixer que la barbàrie pot brollar de diferents fonts ideològiques. Els arguments contra el feixisme guanyen força quan evidenciem que qualsevol sistema que anul·la la llibertat, la dignitat i els drets humans —independentment del seu origen— és inacceptable. A més, moltes crítiques feixistes al comunisme (sovint fonamentades) són utilitzades per blanquejar la seva pròpia violència. Per això, una posició ètica coherent no pot tolerar cap forma d'opressió, vingui d'on vingui.

TRACTAMENT

El pacient presenta símptomes avançats d'infecció totalitària. S'identifiquen focus necròtics de discurs autoritari que s'estenen ràpidament aprofitant el teixit social debilitat per la crisi econòmica, la precarietat i la desorientació vital. El sistema immunitari —educació crítica, participació ciutadana, memòria històrica— es troba compromès, la qual cosa permet la proliferació de l'agent patogen feixista.

TRACTAMENT PRESCRIT
REFORÇ DEL SISTEMA IMMUNITARI
DEMOCRÀTIC
(PREVENCIÓ A LLARG TERMINI)

Administració diària de pensament crític: contrastar fonts, consumir mitjans independents, vacunar-se contra els discursos d'odi i la manipulació informativa.

Teràpia de memòria històrica contínua: conèixer els antecedents patològics del segle XX (Holocaust, *Porrajmos*, *Holodomor*, Gulag) per immunitzar-se contra la deshumanització de l'adversari.

Teràpia comunitària intensiva (reforç del teixit social):

Participació activa en estructures democràtiques de base: associacions veïnals, sindicats, assemblees populars, moviments feministes, ecologistes i de drets humans. La democràcia no pot limitar-se a una revisió quadriennal; requereix administració diària.

TRACTAMENT D'AÏLLAMENT DEL FOCUS INFECCIÓS:

Aplicació de barrera immunitària col·lectiva: no normalitzar els discursos racistes, masclistes o autoritaris. Davant la presència de l'agent patogen en institucions, cal neutralització immediata mitjançant la denúncia i el rebuig social. El silenci és l'ambient de cultiu ideal per al feixisme.

TERÀPIA SUBSTITUTIVA DE L'ESPERANÇA
(CONSTRUCCIÓ D'ALTERNATIVES)

Desenvolupar polítiques que abordin les causes estructurals de la vulnerabilitat social: atur, precarietat, soledat, manca d'horitzó. El feixisme colonitza els teixits socials on la democràcia ha fracassat i la ciutadania ha perdut l'esperança.

PRONÒSTIC

Favorable si s'aplica el tractament de manera sostinguda i col·lectiva contra la infecció totalitària. La implicació ciutadana constant —en converses quotidianes, en actes de solidaritat, en la denúncia activa— és l'antídot específic contra la indiferència, aliment principal del totalitarisme. Cada persona, des del seu àmbit, pot actuar com a agent de salut democràtica. La història clínica del segle XX demostra que el feixisme no remet espontàniament: requereix intervenció activa i sostinguda.

POSOLOGIA

Aplicar cada dia, en cada conversa, en cada acte de solidaritat. En cas de dubte, consultar la memòria històrica. La indiferència està contraindicada.

BIBLIOGRAFIA UTILITZADA

Amery, C. (2002). *Auschwitz, ¿comienza el siglo XXI? Hitler como precursor*. Madrid: Turner; Fondo de Cultura Económica.

Canfora, L. (2024). *El fascismo nunca ha estado muerto*. Madrid: Bauplan.

Casanova, J. (2011). *Europa contra Europa, 1914–1945*. Barcelona: Crítica.

Evans, R. (2005). *La llegada del Tercer Reich*. Barcelona: Península.

Fritzsche, P. (2006). *De alemanes a nazis, 1914–1933*. Buenos Aires: Siglo XXI.

Gellately, R. (2005). *No sólo Hitler*. Barcelona: Crítica.

Arendt, H. (2006). *Los orígenes del totalitarismo*. Madrid: Alianza Editorial.

Nolte, E. (1971). *La crisis del sistema liberal y los movimientos fascistas*. Barcelona: Península.

Paxton, R. O. (2019). *Anatomía del fascismo*. Capitán Swing.

Polanyi, K. (2019). *La naturaleza del fascismo*. Barcelona: Virus Editorial.

Scurati, A. (2025). *Feixisme i populisme. Mussolini avui.* Afers; Raig Verd Editorial.

Sternhell, Z., Sznajder, M., & Asheri, M. (1994). *El nacimiento de la ideología fascista.* Madrid: Siglo XXI.

Traverso, E. (2002). *El totalitarisme: Història d'un debat.* València: Publicacions de la Universitat de València.

Weitz, E. (2009). *La Alemania de Weimar. Presagio y tragedia.* Madrid: Turner.

*Cada generació es creu destinada a refer el món;
la meva sap que no ho farà, però la seva tasca és
impedir que el món es desfaci*
Albert Camus

La primera edició d'aquest opuscle es va distribuir durant el cicle de cinema contra el feixisme celebrat a Algaida (Mallorca), organitzat per Ràdio 1984 de Titoieta Ràdio.

abril de 2026